学校では教えてくれない大切なこと ⑬

勉強が好きになる

マンガ・イラスト　入江久絵

旺文社

はじめに

テストで100点を取ったらうれしいですね。先生も家族もほめてくれます。

でも、世の中のできごとは学校でのテストとは違って、正解が1つではなかったり、何が正解なのかが決められないことが多いのです。

「私はプレゼントには花が良いと思う」「ぼくは本が良いと思う」。どちらが正解ですか。どちらも正解。そして、どちらも不正解という場合もありますね。

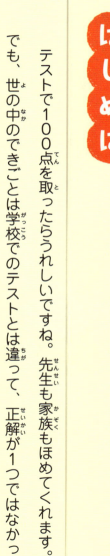

山登りで仲間がケガをして動けない。こんなときは「動ける自分が方位磁石にしたがって下りてみる」「自分もこのまま動かずに救助を待つ」。どちらが正解でしょう。状況によって正解は変わります。命に関わることですから慎重に判断しなくてはなりません。

このように、100点にもなり0点にもなりえる問題が日々あふれているの

　が世の中です。そこで自信をもって生きていくには、自分でとことん考え、そのときの自分にとっての正解が何かを判断していく力が必要になります。

　本シリーズでは、自分のことや相手のことを知る大切さと、世の中のさまざまな仕組みがマンガで楽しく描かれています。読み終わったときには「考えるって楽しい！」「わかるってうれしい！」と思えるようになっているでしょう。

　本書のテーマは「勉強が好きになる」です。「どうして勉強しなきゃいけないの？」「勉強って何の役に立つの？」と思ったことはありませんか。勉強の目的は、テストでいい点を取ることだけではありません。くり返し問題を解いたり、わかるまでじっくり考えたり、いろいろと工夫したり、勉強をするときのひとつひとつのことが、皆さんの力になっていくのです。勉強で身についた力は、学校のテストだけではなく、スポーツや習いごとなど、新しいことに挑戦するときに、きっと皆さんの役に立ってくれます！

旺文社

もくじ

はじめに……2

この本に登場する仲間たち……6

人物関係図……8

プロローグ……9

1章 やる気って何?

やる気の種を探してみよう……16

オススメ伝記診断テスト……20

テストって大事かな?……22

学習と生活の目標を考えてみよう!……26

勉強のイメージを変えよう……30

目標を目標で終わらせないぞ!……32

餅兵衛師匠からの試練……36

2章 学習習慣を身につけよう

宿題の取り組み方を見直そう!……38

もちっとモンスターコレクション おしるこ……45

学校の授業は大切!……46

もちっとモンスターコレクション 大福仙人……53

テストに負けないぞ!……54

勉強の習慣をつけるための注意点……64

自分をダメにする口ぐせ……62

大人の勉強は楽しいの?……74

もちっとモンスターコレクション おはぎ……73

その気になったら宿題以外も……76

読書記録をつけてみよう……82

3章 学習環境のつくり方

勉強の環境を探そう・つくろう……84

4

4章 のび〜る学習方法

ルーチンのルーチンをつくろうぜ …… 92

勉強する姿勢を見直そう

あこがれの人 …… 99

ジョンのふろしき …… 100

ルーチンのルーチンをつくろうぜ …… 102

もちっとモンスターコレクション　イソベン

算数って勉強しなきゃいけないの？ …… 124

もう一人の自分 …… 116

教科別勉強法　算数 …… 118

国語辞典ゲーム …… 114

教科別勉強法　国語 …… 106

読んだ本を紹介しよう …… 126

女子会 ぬり絵で集中力アップ。 …… 127

教科別勉強法　理科 …… 128

もちっとモンスターコレクション　ミタヨン …… 133

教科別勉強法　社会 …… 134

日本地図で考えてみよう …… 139

勉強にいい食べ物って？ …… 140

友だちと勉強してみよう！ …… 142

ジョンの英語講座 …… 146

エピローグ …… 148

スタッフ

- ●編集
  次原 舞
- ●編集協力
  栗山朋子
  （株式会社スリーシーズン）
- ●装丁・本文デザイン
  木下春圭　土屋裕子
  （株式会社ウエイド）
- ●装丁・本文イラスト
  入江久絵
- ●校正
  株式会社ぷれす

5

する仲間たち

習田家

ルウト（習田瑠人）
- 小学4年生
- 好きな教科は算数，成績が落ちてきてちょっぴり悩んでいる
- 能天気，がんばるときはがむしゃら！

ルウマ・ルウジュ（習田るうま・るうじゅ）
- 双子の小学1年生
- ルウマは兄のルウトにライバル心をいだいている
- ルウジュは天使のように優しい

タケオ（香椎茸夫）
- ルウトの親友
- 好きな教科は理科
- ゲームが大好き，妄想が止まらない

桃（岡山桃）
- ルウトの気になる女の子
- 国語が得意，算数はちょっぴり苦手

桃のお兄さん（岡山太郎）
- 小学6年生
- サッカーも勉強も得意!!

この本に登場

お母さん（習田学美）
- 成績が落ち気味のルウトに勉強を好きになってもらいたいと考えている
- ふだんは優しいが，怒ると怖い!?

お父さん（習田慣一）
- 熱血モーレツサラリーマン
- 熱い性格はルウトとそっくり

餅兵衛師匠
- 鏡餅のモンスター
- ルウトたちに勉強が好きになる方法をアドバイスしにきた
- 和菓子が大好物

ジョン
- 師匠の相棒の犬
- クールでちょっと毒舌

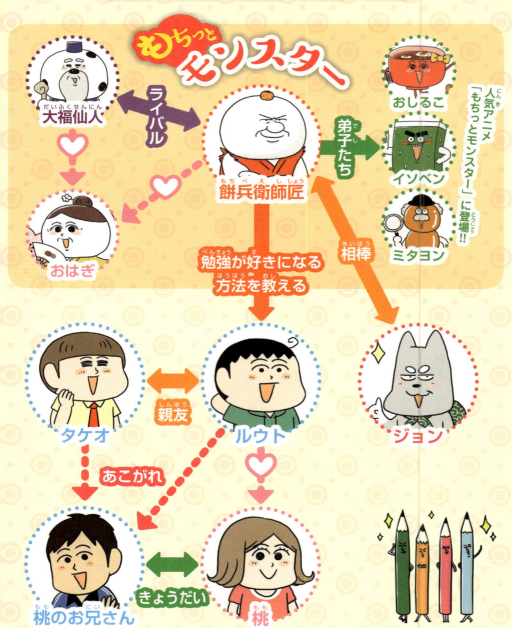

1章 やる気って何?

餅兵衛師匠のここがポイント

● やる気っていつおきる？
　やる気は，ちょっとしたきっかけで生まれるもの。
　➡ カッコいいところを見せたい！ ちょっぴりできるところを見せたい！ という気持ちで十分だ！
　勉強もスポーツも何でも，やる気になることが大事！

● 自分の夢や理想を持って，やる気をアップさせよう。
　「将来サッカー選手になりたい！」など，夢や理想を持つと，やる気が続くぞ。
　➡ まずは，伝記を読むことがおすすめじゃ！

オススメ伝記診断テスト

得意なのはどっち？
- A 国語
- B 算数

→ A

モンスターはいると思う？
- A 思う
- B 思わない

→ B

友だちが、なくしものを探しているよ。キミならどうする？
- A いっしょに探す
- B いつなくなったか聞いてみる

問題集をやるならどっちが楽だと思う？
- A 1日10ページを5日間
- B 1日5ページを10日間

おなかをすかせた旅人がいたら？
- A 食料をあげる
- B かわいそうだけど、そっとしておく

将来なりたい仕事は？
- A 決まっている
- B 決まっていない

もしできるならどっち？
- A 鳥のように飛びたい
- B 飛行機で世界一周してみたい

→ あ / い / う / え

あ リーダー・芸術家タイプ

思いやりのある人や文学・芸術方面で活躍した人の伝記がオススメ！

マザー・テレサ

与謝野晶子

い チャレンジャータイプ

考えることが得意で，新しいことに挑戦した人の伝記がオススメ！

織田信長

エジソン

う 情熱家タイプ

責任感が強く，困難に立ち向かった人の伝記がオススメ！

ナイチンゲール

西郷隆盛

え 実力派タイプ

じっくり観察する人や，物事をやりぬいた人の伝記がオススメ！

徳川家康

ファーブル

※文武両道：学芸と武芸（現代では勉強とスポーツ）の両方にすぐれていること。

テスト勉強が大事な理由 ①

テスト勉強していないと…	テスト勉強していると…

➡ 問題が解けない。	➡ 解ける問題が増える。

テストにそなえて勉強すると，点数が上がって自信がつくぞ！

テスト勉強が大事な理由 ②

テストで実力を出せるようになるのも大切じゃ！

テストは将来、進学や就職など大事な場面で出てくるからのう。

テスト勉強していないと…	テスト勉強していると…
➡ あせって問題が解けない。	➡ 落ち着いて最後まで解ける。

大事な場面で実力を出せるようになるために，テスト対策をして計画力や持続力を身につけよう！

4月・学期の目標

- **学習1** 毎日，教科書の漢字を3つ，5回ずつ書く。
- **学習2** 毎日，今日のできごとを3行書く。
- **学習3** 毎週，ことわざの漫画を1話読む。
- **生活1** 学校の準備は前日にする。
- **生活2** 洗濯物をたたむのを手伝う。
- **生活3** ゲームをする前に宿題をする。

宿題をいつするかや，お手伝いや遊びの時間のことも入れて考えてみよう。

苦手な教科は，教科書を使ってできることから始めるのがおすすめ。自分の好きなことをのばす勉強もOK。

餅兵衛師匠のここがポイント

目標の立て方には3つのポイントがあるのじゃ！

- **ポイント1** 目標は，具体的なものにしよう。数字が入ると確認しやすいぞ！
- **ポイント2** 「〜しない」など否定的なことは目標に不向きじゃ！「ゲームをする前に宿題をする」などにするとよいぞ。
- **ポイント3** 目標の内容は，家族と話し合ってから決めよう。

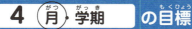

これがタケオのだめだめ 学習＆生活の目標

4 月・学期 の目標

- 学習❶ 教科書をランドセルから出す。
- 学習❷ えんぴつをけずる。
- 学習❸ 漫画を1話読む。
- 生活❶ きびだんごで仲間を増やす。
- 生活❷ 小さいおじさんを探す。
- 生活❸ 不思議なキノコを手に入れる。

これが ルウトの キラキラ 学習 & 生活の目標

4月・学期 の目標

- 学習① 毎日，漢字を3つ，3回ずつ書く。
- 学習② 毎日，図書館で借りた本を10分読む。
- 学習③ テレビで出てきた地名を地図で調べる習慣をつける。
- 生活① 目覚まし時計を使って自分で起きる。
- 生活② 洗濯物を自分でしまう。
- 生活③ 学校の準備は前日にする。

「目標シート」をダウンロードできるよ。
https://www.obunsha.co.jp/service/gakkou_benkyo/

勉強のイメージを変えよう

餅兵衛師匠のここがポイント

●毎日の目標をしっかりこなすこと。
●できたとき，達成感を味わうことも大事。

いきなり1週間ですべてを覚えようとせず，自分のペースで取り組んだおかげで日々成長できたんだ！

できるようになったことは報告だ！

日付	がんばったこと／できたこと	ハンコ／コメント
4／1（金）	1の段の練習	餅
4／2（土）	1の段の練習	餅
4／3（日）	1の段の練習	餅
4／4（月）	1の段の練習	餅
4／5（火）	1の段の練習	餅
4／6（水）	1の段の練習	餅
4／7（木）	1の段の練習。1の段クリア!!	餅　1の段クリア！やったのう！

26〜29ページで出てくる「目標シート」のことを書くのもいいぞ！

できたときはコメントをもらおう！

「できたよシート」をダウンロードできるよ。
https://www.obunsha.co.jp/service/gakkou_benkyo/

餅兵衛師匠のここがポイント

● 苦手だったことができるようになったら、小さなことでもよいので身近な人に話す。

できたときはみんなに報告して、おおいにほめてもらおう！

1章 やる気って何？

餅兵衛師匠からの試練

2章
学習習慣を身につけよう

学ぶ人は、
変えて
ゆく人だ。

目の前にある問題はもちろん、
人生の問いや、社会の課題を自ら見つけ、
挑み続けるために、人は学ぶ。
「学び」で、少しずつ世界は変えてゆける。
いつでも、どこでも、誰でも、
学ぶことができる世の中へ。

旺文社

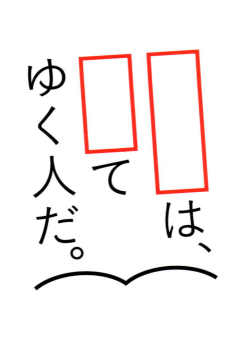

宿題をきちんとするコツ

① 宿題をする時間を決めて、それを守る。

帰ったらすぐにやる。

晩ごはんの前にやる。

2 宿題は急がずていねいにする。

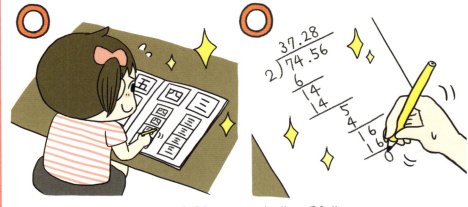

漢字のドリルなら，見本の字をよく見て書く。

文字や数字はていねいに書く。

餅兵衛師匠のここがポイント

- 宿題は、授業で習ったことから出る。
- 一度習ったことを宿題で復習すると、覚えた内容を忘れにくくなる。
- 覚えたいことは、何度も復習する。
- 教科書を読むだけではなく、問題を解く。

もちっとモンスターコレクション

おしるこ

モチベーション	進化	アイテム
★★★★☆ レベル4	おしるこ博士	事典

特徴
- 好奇心旺盛。知らないことをとことん調べるのが大好き。
- 子どもの気持ちがわかる。

学校の授業をちょっとのぞいてみよう！①

授業をきいているつもりでも…こんな子いないかな？

頭の中で空想している子

ノートに漫画をかいている子

近くの席の子とおしゃべりしてしまう子

47　2章　学習習慣を身につけよう

学校の授業をちょっとのぞいてみよう！❷

A 先生が話しているときも、一生懸命ノートを取る子

B 先生が黒板に書いたことだけ、ノートを取る子

2章 学習習慣を身につけよう

の コツ

他にもノートづくりのポイントとコツを紹介するぞ！

5がつ 20にち 金ようび

P.28〜

(1)　⁵6̸⁵
　　－ 4 9
　　　 1 6

(2)　⁴5̸ ²
　　－ 1 9
　　　 3 3

問題の区切りは1行あける。

(3)　⁷8̸ ⁴
　　－ 5 8
　　　 2 6

(4)　⁶7̸ ²
　　－ 2 5
　　　 4 7

ノートの表紙には，教科名，学年，組，名前はもちろん，何冊目かも書くと整理しやすくなる！

(5)　⁷8̸ ²
　　－ 3 4
　　　 4 6
　　　 4 8

(6)　⁸9̸ ⁶
　　－ 2 7
　　　 6 9

計算ミスや漢字の書きまちがいは消さずに残しておく。どんなところでつまずきやすいかチェックできるぞ！

50

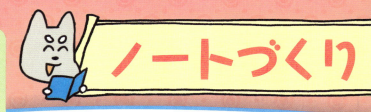

日付，教科書のページ数，問題番号を書いてわかりやすく！

大事なところには線を引いたり，マルやシカクで囲もう！

餅兵衛師匠のここがポイント

●学校の授業は、集中してきこう！

●先生が黒板に書いたことだけでなく、大事なところは囲んだり、線を引いたりしよう！

もちっとモンスターコレクション

大福仙人(だいふくせんにん)

モチベーション	進化(しんか)	アイテム
★★★★★ レベル5	大大福仙人(だいだいふくせんにん)	アイデアの豆(まめ)

特徴(とくちょう)
- 子(こ)どもたちに勉強(べんきょう)のおもしろさを伝(つた)える。
- 餅兵衛(もちべえ)師匠(ししょう)のライバル。

2章 学習習慣を身につけよう

テスト対策はどうしたらいいの？

ただ目標を立てるだけではいかんのう。

テストの対策にはこの3つが有効じゃ‼

① 教科書を音読する。

頭に記憶されやすくなるんだ！

② ミニクイズやミニテストで覚える。

漢字ミニテスト
次の漢字の読みを答えなさい。
① 信号
② 速達
③ 菜の花
④ 深雪
⑤ 材料

友だちと問題を出し合うのもオススメだぞ！

③ 穴うめ・丸囲みテストを手づくりする。

●イチョウの葉は秋になると（赤・黄）になります。

●火事が起きたとき，（　　）番に連絡すると通信指令室につながります。

理科や社会がつくりやすいぞ！

つくるのが難しいときは、家族に相談してみよう！

55　2章 学習習慣を身につけよう

テスト本番を乗り切るコツ

文房具をきちんと準備する。

えんぴつ4本
➡ しっかりけずってあるもの。

消しゴム
➡ 小さく，消しにくいものは×。

❌ テストが終わったとき	❌ テストが返ってきたとき
 合っているところだけ確認。	 まちがったところをちょこっと見直すだけ。

まず、次の３つのステップをやってみるんだな。

ステップ❶ まちがった問題をわけてみよう

まちがった問題を3つに色わけしてみよう。

❶ わかっているのにまちがった問題… ☐
- 単位がぬけていた。
- 答えを書く場所をまちがえた。
- 最後まで問題を読まなかった。
- 字を書きまちがえた。　など

❷ 見たことがある気がするけれどわからない問題… ☐

❸ さっぱりわからない問題… ☐

ステップ❷ まちがった問題を理解する

「見たことがある気がするけれどわからない問題」や，「さっぱりわからない問題」の場合は，正解だけを見てわかったつもりになったらいけないぞ！

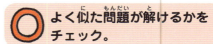

◯ 教科書のどこの問題が解けなかったかをチェック。

◯ よく似た問題が解けるかをチェック。

わからないところは先生や家族に聞くことも大事じゃぞ。

ステップ❸ 教えられるくらい勉強しよう

◯ 人に教えるつもりで勉強する。

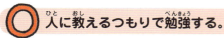

どうやって教えるか考えながら勉強すると，記憶に定着させやすくなるぞ。

ケアレスミスをなくすには？

毎日の生活を見直して，ケアレスミスを減らそう！

○ 物をあつかうときや渡すときはていねいに！

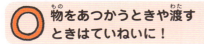

○ プリントや洗濯物をきちんとたたむ。

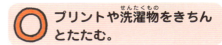

○ 集中できる趣味を持つ。

これってテストに関係あるの？

どんなことでもていねいに取り組むクセをつけることが大事なんじゃ。

自分をダメにする口ぐせ

① 勉強の量を時間で区切る！

勉強時間の目安

基本コース 5分 × 学年！

- 1年生 ➡ 5分
- 2年生 ➡ 10分
- 3年生 ➡ 15分
- 4年生 ➡ 20分
- 5年生 ➡ 25分
- 6年生 ➡ 30分

最初は無理せず、毎日続けられる時間にするんじゃよ。

きっちりコース 10分 × 学年！

- 1年生 ➡ 10分
- 2年生 ➡ 20分
- 3年生 ➡ 30分
- 4年生 ➡ 40分
- 5年生 ➡ 50分
- 6年生 ➡ 60分

きっちりやりたいヤツはこっちだ。

エリートのオレはこっちだな

2章 学習習慣を身につけよう

2 正しい生活のリズムを身につける

3 ルールをつくる

師匠のルール

- 朝起きたら、もちもち体操をする。
- 食べた後は、すぐ歯をみがく。
- 午後8時以降は、テレビを見ない。

師匠のルールの理由

- 朝起きたら，もちもち体操をする。
  → スッキリしたスタートを切るため。
- 食べた後は，すぐ歯をみがく。
  → 虫歯を防ぐため。
- 午後8時以降は，テレビを見ない。
  → 夜ふかしを防ぐため。

ルールには理由があるぞ。

納得じゃ

生活のリズムを守るためかぁ。なるほど。おっ。よく気づいたな。つくってみろ，ルール。勉強のルールでもいいぞ。

タケオのルール

- 午後8時までに，寝る準備をする。
  → 寝る時間を守るため。
- ふとんに入ったら，ゲームをしない。
  → 夜ふかしを防ぐため。

ルウトのルール

- 勉強をするときは，テレビを消す。
  → 勉強と遊びを切りかえるため。
- 寝る前に3分間，復習をする。
  → 勉強の習慣をつけるため。

3分間の復習？短くない？　20分はまだハードル高くてさ。　宿題とは別に，毎日3分なら上出来だ。　ルールは，自分に合わせて変えていいぞ。　あ，じゃテレビは9時までに…。　コレコレ　だらしなくなったら意味ないじゃろ。　エヘヘ…。

- 生活のリズムを整えて，勉強は決めた時間に集中してやる！
- リズムを守るために，自分なりのルールを決める！

もちっとモンスターコレクション

おはぎ

モチベーション	進化	アイテム
★★★★☆ レベル4	レディー おはぎ	せんす

 ●物知りで，勉強にまつわることをわかりやすく教えてくれる。昔は，もちっとモンスター界のマドンナだった。

大人の勉強は楽しいの？

師匠の提案❶ 好きなことをノートに書くんじゃ

例えば…

● **読書の感想ノート**
ノートに本のタイトルや絵，おもしろかったところや感動したところなどを記録する。

● **サッカー教室の練習日記**
その日の練習内容や，テクニックなどを書きこむ。

自分の興味があることをノートにまとめる

➡ 楽しみながら，情報をまとめる力が身につく！

師匠の提案❷ 簡単な問題集からスタートじゃ

● 難しい問題集や分厚い問題集からスタート

● 5分や10分でできるドリルからスタート

→ 最初はやさしい問題集から始めよう！

2章 学習習慣を身につけよう

餅兵衛師匠のここがポイント

学習に役立つ技を身につけるには…

好きなことをノートに書いて，まとめてみよう！

➡ 学ぶ力，まとめる力，人に伝える力が身につく！

勉強の量は…

毎日続けられる量からスタート！

➡ 無理をしないから，明日も続けられる！

勉強をしたら…

自分に花マル!! 身近な人にほめてもらおう！

➡ 達成感でやる気が続く！

2章 学習習慣を身につけよう

読書記録をつけてみよう

「読書ポイントシート」をダウンロードできるよ。
https://www.obunsha.co.jp/service/gakkou_benkyo/

3章
学習環境のつくり方

1 勉強内容に合わせてぴったりの場所を探せ

●本を読む

静かな環境だと本の内容が頭に入りやすい！

●ドリルやワークなど

きちんと座って集中できる場所で取り組もう！

●暗記する

ちょっとした時間に、声に出しながら覚えるといいぞ！

●作文など

おうちの人に相談したいときはリビングがいいぞ。慣れてきたら自分の机で書こう。

トイレに漢字や地図をはっておくと毎日少しずつ覚えられるぞ！

自分の机以外の場所でもいいのかぁ。

2 勉強道具の準備をしよう

勉強に必要な道具

基本の道具
- えんぴつ
- 消しゴム
- 赤えんぴつ
- じょうぎ
- 下じき

など

勉強内容に合わせた道具
- 三角じょうぎ
- 分度器
- コンパス
- テープ
- のり

など

3章 学習環境のつくり方

3 すぐに調べ物ができるようにしよう

こんなところに本を置こう

● 自分の部屋

● リビング

4 集中できる部屋にしよう

勉強しやすい環境のまとめ

● 内容に合った場所で勉強しよう。
● 勉強道具は,あらかじめ準備しておこう。
● 事典や辞書・地図帳は,すぐ使える場所に置こう。
● 部屋の中を片づけよう。

1 文房具の選び方

勉強がはかどる文房具

●えんぴつ

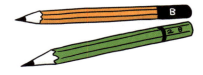

しんのかたさは2BかBが書きやすい。しんがやわらかいほうがつかれないよ。

●ノート

見やすい文字が書ける大きさのものを選ぼう。マス目があるといいよ。

シンプルなのが一番！

●消しゴム

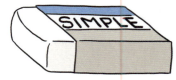

小さすぎず、持ちやすい大きさのものがいい。軽い力で消せるものが使いやすいよ。

キャラクターものやしかけのあるものはあまりオススメしないな。

集中力がにぶるからのぉ。

確かに…。さっきも遊んじゃったヤ

2 えんぴつの正しい持ち方

確認！

えんぴつの正しい持ち方

持ち方の練習

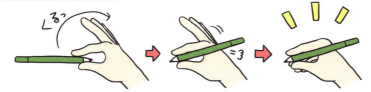

親指と人さし指でえんぴつのとがった方をはさみ，くるっと回転させる。中指もえんぴつを支えるように持ち，薬指と小指をそっとそえる。

餅兵衛師匠のここがポイント

～勉強する姿勢のまとめ～

- 気が散らないよう、文房具はシンプルに。
- 正しい姿勢と、えんぴつの持ち方を意識しよう。

ジョンのふろしき

オレのふろしきの中身が気になるって？
しょうがないな，見せてやるよ！

伝記

思い出の
できたよシート

「時間の使い方」
の本

変装セット

もちもち体操
のCD

ルーチンのルーチンをつくろうぜ

宿題をするタイミングを決める

家に帰る
➡ ランドセルを机にかける
➡ 手洗い・うがい
➡ 宿題
➡ おやつ

宿題を始めるときの順番を決める

机の上を整理
➡ 今日の宿題を確認
➡ 宿題と筆記用具を机の上に出す

勉強道具の置き方を決める

ノート，教科書，えんぴつなどを決まった位置にセットする。

4章 のび〜る学習方法

1 声に出して読んでみよう！

音読にはこんな効果があるぞ

頭をたくさん使う！

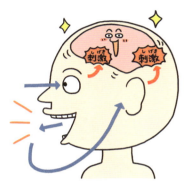

目で見た文字を声に出して読むと、脳が刺激されるぞ！

文のつくりを理解できる！

文章の切れ目を意識すると、文のつくりがわかりやすくなるぞ！

想像力がアップする！

どんな場面か考えながら、声の大きさを変えるなどの工夫をすると、考える力がアップするぞ！

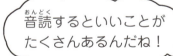

音読のススメ

- 声に出さずに読むより、読み飛ばしが減る。
- 言葉を理解しながら正しく読むことができるようになる。
- 「、」や「。」の区切りを意識できる。

2 奥のふか〜い漢字

漢字テスト

- モチをよういしてください。 用意
- おやつのモチをきたいしている。 期待
- ぜんぶのモチを食べたい。 全部
- しゅうちゅうしてモチを食べる。 集中
- きんじょにモチを買いに行く。 近所
- おやつがモチかしんぱいだ。 心配

やってみよう！漢字ゲーム

●漢字しりとり…熟語の最後の漢字でしりとりするゲーム。
（例）
学校 → 校歌 → 歌手 → 手品 → 品物 …

●漢字の1画たし算…ある漢字に1画たして，別の漢字にするゲーム。
（例）
十 → 千 土 士
大 → 太 犬 天 夫

1画たし算を「日」や「木」でもやってみよう。1画ひき算のゲームも楽しいぞ！

他にもいろいろ 漢字ゲーム

● 同じ部首の漢字をいくつ書けるかな？

（例）
扌	てへん	→	持	指	投
艹	くさかんむり	→	花	草	英
辶	しんにょう	→	進	辺	返

こんなゲームはどうかな？

● いくつ熟語を知っているかな？

（例）
| 学 | → | 学習 | 学校 | 科学 |
| 代 | → | 代金 | 代表 | 現代 |

知ってるものをたくさん書いてみろ！

え〜っと…。ももちゃんの漢字ってどう書くんだっけ？

ももちゃん

う〜ん

そんなときは漢字辞典じゃ。

漢字辞典の使い方

- ●「へん」,「かんむり」,「にょう」などの部首から調べる。
- ● 画数から調べる。
- ● 読みから調べる。

あったぞ!!

112

3 書き写しに挑戦！

視写のススメ

● しっかりと文章を見ることで集中力アップ！

● 文章の構成や表現の仕方を学べる。

国語辞典ゲーム

辞典は「五十音順（あいうえお順）」で並んでおるのう。このルールを使った問題じゃ！どのステージまでクリアできるかの？

ステージ1

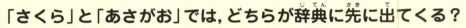

「さくら」と「あさがお」では、どちらが辞典に先に出てくる？

A さくら　　　　**B** あさがお

ステージ2

「しんさつ」と「さんぱつ」では、どちらが辞典に先に出てくる？

A しんさつ　　　　**B** さんぱつ

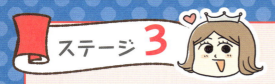

ステージ 3

「しゃちょう」と「しょうがくせい」では、どちらが辞典に先に出てくる？

A しゃちょう **B** しょうがくせい

ステージ 4

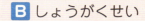

「むかし」と「むかで」では、どちらが辞典に先に出てくる？

A むかし **B** むかで

知っている言葉も辞典をひいてみよう。新しい発見があるぜ！

もう一人の自分

1 計算力をみがけ！

計算力をみがくためのアイテム

計算ドリル

ストップウオッチ

ストップウオッチで解き終わるまでの時間を計りながら解くのです！

イソベンのここがポイント

- 時間を計りながら，速く正確に解く練習をしよう！
- 同じ問題を何度も解いて，計算のスピードが上がっているかチェック！

テストで時間が足りなくなるルウトさんに，とってもオススメです！

どこでもトレーニング

道を歩いていて見かけた自動車のナンバープレートの4けたの数字と「＋」「－」「×」「÷」を自由に組み合わせて、答えが10になる式をつくるゲーム。※2

❶ 品川 ○○○ さ 23-50

❷ なにわ ○○○ た 12-34

さぁ、やってみましょう!!

解答例は下にあるよ。

※2：ナンバープレートの4けたの数字の中には、「＋」「－」「×」「÷」の組み合わせで10にならないものもあります。

❶ 2＋3＋5＋0＝10　❷ (3×4)−(1×2)＝10

算数って勉強しなきゃいけないの？

もちっとモンスターコレクション

体に巻かれたノリは熱くなりすぎるとベトベトになってしまう。

イソベン

モチベーション	進化	アイテム
★★★★★ レベル5	高速イソベン	熱血ノート

特徴
- 子どもたちに熱く勉強のおもしろさを伝える。
- 熱血ノートをノリの裏にかくしもっている。

読んだ本を紹介しよう

「紹介カード」をダウンロードできるよ。
https://www.obunsha.co.jp/service/gakkou_benkyo/

1 好きなものをよ〜く見てみよう

ルウトの昆虫観察ノート

バッタ

- 9月に学校の帰り道で見つけた。
- 体長5cmぐらい、黄緑色。
- あしは6本ある。うしろあしが長い。

観察のポイント
▶ いつ見つけたか。
▶ どんな形・色・大きさをしているか。
▶ どんなつくりになっているか。

2 理科ってすごい！

こんなところにも「理科の知識」

●天気予報

天気図を読み取って，これからの天気を予想している。

●冷房・暖房

熱の働きを利用して，温度を調節している。

●電動自転車

充電式の電池とモーターの働きで，楽に走ることができる。

●冷凍食品

冷凍するときに食品の細胞を傷つけず，おいしさを保つよう，工夫している。

もちっとモンスターコレクション

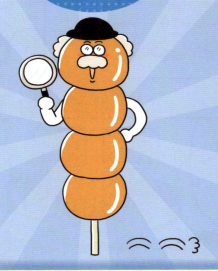

ミタヨン

モチベーション	進化(しんか)	アイテム
★★★★★ レベル5	ミタミタン	虫(むし)メガネ

 特徴(とくちょう)
- 気になったことは徹底的(てっていてき)に調(しら)べないと気がすまない性格(せいかく)。
- いつも虫(むし)メガネで、いろいろなものを観察(かんさつ)している。

1 都道府県の位置を覚えよう

47都道府県，すべての位置がわかるかな？ 地図帳などで確かめてみよう。

2 授業の内容を生活の中で考えよう

自分の生活と結びつけて考えよう

ニュースで見たこと ＋ 学校で習ったこと → 自分の生活にいかす

学校で学習したことを自分の生活とつなげて考えることが大切だぞ。

日本地図で考えてみよう

勉強にいい食べ物って？

いいことたくさん！友だちとの勉強

① 教え合って覚えられる！

友だちに教えることで、自分もしっかり覚えられるのじゃ。

聞く方も、教科書などで友だちの説明が正しいか、確認するといいぞ！

② やる気が続く！

友だちががんばっていると、自分も「がんばらなきゃ」と思うじゃろ。

❸ すきま時間を勉強時間にできる！

帰り道などで、友だちとクイズのように問題を出し合うと、理解しているか確認できるんだ。

ジョンの英語講座

そこのキミ!! 英語は難しいと思ってないか？

キュッキュッ

まずは、身近な英語の単語を集めてみようZE!!

イェーイ!!

色の名前

RED	BLUE	YELLOW	GREEN	PINK
レッド	ブルー	イエロー	グリーン	ピンク
赤	青	黄	緑	ピンク

あれ、このキャラクターたち、どこかで見たような…。

グリーンのお姉さん、かわいいなあ…♥

146

季節の名前

SPRING
春

SUMMER
夏

AUTUMN
(FALL)
秋

WINTER
冬

動物の名前

CAT
ねこ

DOG
犬

FISH
魚